AF473180

CATALOGUE
DES LIVRES
ET DES OBJETS D'ART,
DESSINS, TABLEAUX, AQUARELLES, ESTAMPES, AUTOGRAPHES, ETC.

De Feu LÉON BOITEL.

LA VENTE AURA LIEU

LE MARDI 27 NOVEMBRE 1855 ET JOURS SUIVANTS

DANS LA SALLE DES COMMISSAIRES-PRISEURS,

Quai Bon-Rencontre, 17,

A SIX HEURES TRÈS-PRÉCISES DU SOIR.

ON PERCEVRA LE CINQ POUR CENT D'USAGE.

Cette Vente sera suivie sans interruption des livres, tableaux, etc., appartenant à M. V.... J.... de notre ville.

SE DISTRIBUE A LYON,

CHEZ FONTAINE, LIBRAIRE, CHARGÉ DE DIRIGER LA VENTE,
Quai de l'Hôpital,

ET CHEZ MM. GANIVET ET BARRETTA,
Libraires, même quai.

1855

Il y aura exposition, de 1 à 3 heures des objets qui seront vendus le soir.

Les livres devront être examinés et collationnés pendant l'exposition.

On vendra avant et pendant les vacations des lots non catalogués.

M. FONTAINE, libraire, remplira les commissions qui lui seront confiées (*affranchir*).

ORDRE DES VACATIONS.

PREMIÈRE VACATION. — *Mardi*, 27 *novembre*.

Belles-Lettres.	17 à 45
Sciences et Arts.	1— 16
Histoire	46— 67
—	133— 162
Gravures, Lithographies, Tableaux.	

DEUXIÈME VACATION. — *Mercredi*, 28 *novembre*.

Histoire	163 à 200
Mélanges.	227— 259
Autographes.	201— 226
Tableaux, Gravures.	

TROISIÈME VACATION. — *Jeudi*, 29 *novembre*.

Histoire	116 à 132
—	68— 115
Beaux-Arts	260— 271

Les bibliothèques et les cabinets d'objets d'art dont on opère la liquidation ne s'apprécient pas d'après le chiffre plus ou moins élevé des articles. Ce catalogue se compose seulement de trois vacations et il a pourtant un mérite supérieur à beaucoup d'autres, celui d'offrir aux amateurs de bons livres modernes, notamment, un seul et unique exemplaire de la REVUE DU LYONNAIS *garanti complet*, des brochures scientifiques, littéraires, etc., tirées à petit nombre ; des dessins, des tableaux et des aquarelles par des artistes lyonnais : Fonville, Leymarie et autres artistes en réputation et non moins aimés. Des estampes meublantes, des lithographies, sujets, ornements, collection de vues de Lyon, paysages, par Blery, etc ; et enfin beaucoup d'autographes de littérateurs, poètes, historiens et artistes de toutes les professions, quelques jetons ou médailles en bronze, seize jetons de présence, en argent, un cheval, étalon, en bronze, de Mène, etc., etc.; le tout résultant du bien sinistre événement qui, semblable à la foudre, a brisé l'existence de Léon Boitel, notre très-regrettable ami.

Boitel aimait les arts et possédait le sentiment du beau. Mais si prudence oblige, il avait raison de sacrifier peu à ses goûts d'amateur.

Boitel était lui-même artiste dans sa profession et encore

homme de lettres et poète, toujours agréable, spirituel, souvent léger, jamais ni triste ni sérieux. Si notre pensée s'était réalisée, nous aurions de Boitel plusieurs jolis volumes de ses diverses productions existant çà et là dispersées comme un coup de vent transporte au loin les images du colporteur ambulant, étalées sur la voie publique

Récapitulons en finissant les principaux ouvrages dont notre reconnaissance est redevable aux presses de Léon Boitel.

Si nous ne nous trompons pas, *Lyon vu de Fourvière* est son premier volume illustré d'un certain nombre de figures, déjà devenu très-rare complet. Les quelques exemplaires qui se trouvent dans le commerce sont tous ou presque tous incomplets de figures.

La 1re Série de la *Revue du Lyonnais,* 28 vol. gr. in-8°, représentant 14 années de notre histoire littéraire, est un monument sans précédent qui traversera toutes les époques en continuant d'être recherché de plus en plus. Il est à regretter que la vente Boitel n'en possède qu'un seul et unique exemplaire très-complet; *nous le répétons*, pour celui auquel il manque les livraisons 13 et 147, nous en offrons 8 fr. brochées.

Lyon ancien et moderne, 2 vol.; l'*Album du Lyonnais,* 2 vol.; l'un et l'autre grand in-8, illustrés, par Leymarie, ajoutent au mérite du fondateur de la *Revue du Lyonnais*. Ces trois principaux ouvrages n'existent plus en fonds. Nous en donnons la preuve par le présent prospectus.

Nous avons dit.

FONTAINE.

CATALOGUE.

---

1 Imitation (l') de Jésus-Christ, trad. nouvelle, par l'abbé de Lamennais, 16e éd. *Paris*, 1850, in-18, fig., rel. pleine, tr. dorée. — Bel exemplaire.

SCIENCES ET ARTS.

2 Ballanche (P.-S.). Du Sentiment, considéré dans ses rapports avec la littérature et les arts. *Lyon*, 1801, in-8., bas.

3 Barrillon. La Réforme Postale en France. 1847, br. in-8.

4 Bolo. De l'Instruction Populaire en France. *Lyon*, 1849, br., in-12.

5 Bouillier (F.). Des Limites de la perfectibilité humaine, br., in-8.

6 Bouillier (M.). Discours sur la Philosophie, avec billet signé, à Boitel. — Du Rire etc., par Audin. — Pliés dans une chemise.

7 Convert (J.-M.). Astronomie. Preuve de l'immobilité de la Terre, suivie des Mémoires d'un Prisonnier de Guerre. *Lyon*, 1853, in-8., br. — Hommage de l'auteur à Léon Boitel.

8 Couchaud, architecte. Eglises Bysantines en Grèce. *Paris*, 1841-42, gr. in-4, 37 planches avec texte et tables, en livraisons.

9 Fonderie de caractères de Renault et Robcis, de Paris. In-8., demi-rel.

10 Français (les) peints par eux-mêmes, ensemble, 9 vol., gr. in-8. — *Le Prisme*, fig., demi-rel. — Bel exemplaire.

11 Hedde (Isidore). Kang-Tchi-Tou. Description de l'Agriculture et du tissage en Chine. *Paris*, 1850, in-8., br.

12 Maréchal (C.-F.). Etudes sur la Comédie attique et sur la Comédie nouvelle et particulière. *Lyon*, 1854, in-12, br., offert à Léon Boitel.

13 Martin (Antide). Condition présente des Femmes; Préparation sociale de leur avenir, br., in-8.

14 Nicolini (Niccola). Principes philosophiques et pratiques du Droit Pénal, etc., trad. par Eugène Flotard. *Paris*, 1851, in-8., br.

15 Peyré (J.-F.-A.). Manuel d'Architecture religieuse au moyen âge, résumé de la doctrine des meilleurs auteurs, 2e édition, enrichie de figures explicatives, par M. Tony Desjardins, architecte. *Paris*, *Lyon*, 1848, format Charpentier, br.

16 Pezzani (André). Lettre à M. Lélut, dans la question du sommeil du somnambulisme et des tables tournantes. *Lyon*, 1855, in-12, br.

BELLES-LETTRES.

POÉSIES.

17 Adelbert. Violettes *Lyon*, 1854, très-joli petit vol. in-8, br.

18 Autran (J.). Les Poèmes de la mer. *Paris*, 1852, in-8, br.

19 Barthélemy et Méry (Œuvres de), *Paris*, 1838, 2 tomes in-8, fig., rel. en un vol.

20 Boitel (Léon) Feuilles mortes, poésies. Nouvelle éd. *Lyon*, 1852, in-12, br.

21 Boitel (Léon). La Viennoise. Musique de M. Maniquet, feuille gr. in-4.

22 Donzel (Fleury). Ses Fables. *Lyon*, 1849, in-12, br.

23 Dupont (Pierre). Les Deux Anges, poëme, suivi de pièces diverses. Ouvrage couronné par l'Académie française. *Provins. Paris*, 1844, br.

24 Gautier (Théophile). Emaux et Camées. *Paris*, 1853, in-18, br.

25 Hugues (B.). Les Voix de l'Albarine, poésies. *Lyon*, 1853, in-12, fig., br. — A M. L. Boitel, par l'auteur, en témoignage d'estime et de reconnaissance.

26 Kauffmann. Pour le peuple, poésie. 1840, br., in-8.

27 Lotùs (le). Poésies. Par Raphaël Blas. *Paris-Lyon*, 1850, in-8, br.

28 Loy (Aimé de). Feuilles aux vents. Poésies. *Lyon-Paris*, 1840, in-8, br. — Portrait.

29 Loy (de). Préludes poétiques, etc., 1827, in-8, br. — *Poésie et prose.*

30 Mont-d'Or (le), Poésies imprimées au profit des pauvres. *Paris*, 1841, format Charpentier, br.

31 Olivier (Ph.). Mes Glanes ou la Moisson du pauvre. Poésies. *Nantua*, 1846, in-12, br., avec une épitre à M. L. Boitel, signée de l'auteur.

32 Orsel (Jacques). Apologues pouvant faire suite aux Fables de la Fontaine. 3e éd. 1842, in-18, br.

33 Passage (le) de la Reyssouse, par Napoléon, petit poème précédé d'une introduction historique et suivi de notes. *Bourg-en-Bresse*, 1846, in-12, br.

34 Perce-Neige (les), Poésies par J.-Petit-Senn. *Genève*, 1846, in-8, br.

35 Poésies diverses (lot de), par Chénier, Roucher, Lancival, Gresset, André. — Nouvelle Anthologie, 6 vol. in-18, rel.

36 Poncy (Charles). Bouquet de Marguerites, poésies. *Lyon*, 1852, in-12, br.

37 Poncy (Charles). La Chanson de chaque métier, avec une préface à George Sand. *Paris*, 1850, in-12, br.

38 Poncy (Charles), ouvrier maçon. Toulon, faible revue d'une ville forte, suivie d'une réponse en vers, par Méry, in-8, br.

39 Poncy (Charles) ouvrier maçon, de Toulon. Ses Poésies. Nouvelle éd. *Paris*, 1846. Petit in-8, br. — Envoi de l'auteur à L. Boitel.

40 Ponsard (F.). Agnès de Méranie, tragédie en cinq actes et en vers. *Paris*, 1847, in-8, br. — Envoi de l'auteur à L. Boitel.

41 Ponsard. Lucrèce, tragédie en cinq actes. 3e édit

Paris, Furne, 1843, in-12, br. — Hommage de l'auteur à L. Boitel.

42 Prou (M. l'abbé). Harmonies sacrées, poésie de l'office divin. *Paris*, 1850, in-8, fig., br.

43 Rousset (Alexis). Théâtre politique en vers. *Lyon*, 1839-44, in-8, demi-rel. — Offert par l'auteur à L. Boitel.

44 Satires de Perse, trad. en vers, avec le texte en regard, par Aug. Desportes. *Paris*, 1841, in-8, d.-r. Offert par l'auteur.

45 Soulary (Joséphin). Ephémérides. Poésies. 1847, br. in-8.

HISTOIRE.

46 Art (l') en province. Littérature, Histoire, Voyages, Archéologie, de à 1852, 13 vol., *de* 1 *à* 13, gr. in-4. fig. — Les 4 premières années, demi-rel., les 9 dernières en livraisons.

47 Audin. Histoire de Léon X. *Paris*, 1844, 2 vol. in-8., br., avec une lettre autographe signée de l'auteur ; à M. Collombet.

48 Boissieu (Alph. de). Notice sur la vie et les travaux de J.-C. Grégori, 1853, br., in-8. — Offert à Léon Boitel par l'auteur.

49 Boitel (Léon) et M. l'abbé Christophe. Notices biographiques et littéraires sur F.-Z. Collombet, br., in-8., port. et autographe de 3 pages, signé.

50 Bordes - de - Parfondry. Appréciations littéraires, 1839, br., in-8.

51 Bouillet (J.-B.). Album Auvergnat. *Moulins*, Desrosiers, in-8., illustrations dans le texte et sur papier libre, demi-rel. — Offert, par M. Desrosiers, à son ami et confrère L. Boitel.

52 Collombet (F.-Z.). Châtaubriand, sa vie et ses écrits, avec lettres inédites à l'auteur, in-8., br. — Offert par l'auteur.

53 Collombet (F.-Z.). Histoire civile et religieuse des lettres latines, au IVe et au V. siècle. *Lyon*, 1839, in-8., br.

54 Collombet (F.-Z.). Lettres inédites de Leibnitz à l'abbé Nicaise, 1693-1699 et de Galilée. Galilei au P. Clavius, etc. *Lyon*, 1850, in-12, br.

55 Collombet (F.-Z.). Mélanges critiques et littéraires, précédés d'une notice biographique et littéraire par M. l'abbé Christophe. *Lyon*, 1853, in-8., br.

56 Collombet (F.-Z.). Notice sur Frédéric Ozanam, br., in-8.

57 Deschavannes (E.). Histoire de Corinthe, relation des principaux événements de la Morée. *Paris*, 1854. — A Léon Boitel par l'auteur.

58 Dictionnaire (petit) des Grands Hommes de la révolution, par un citoyen actif, ci-devant rien. Au Palais-Royal, imprimerie nationale, 1790, in-12, br. — Extrêmement rare.

59 Galerie des Contemporains illustres, par un homme de rien. *Paris*, 10 vol. in-12, avec beaucoup de portraits, br. — *Manque le tome* 2.

60 Genin (J.-L.). De la Société chrétienne au IVe siècle d'après les lettres de l'Eglise grecque, 5e édition. *Paris*, 1850, in-8., br. — Souvenir d'amitié de l'auteur à Léon Boitel.

61 Genin (J.-L.). Leçons de littérature comparée, Cours public professé au collége de Châteauroux. *Paris*, 1841, in-8., br.— Offert à l'ami Léon Boitel, par le frère de l'auteur.

62 Maurin (M. l'abbé). Notice historique et descriptive de l'Eglise métropolitaine de Saint-Sauveur, d'Aix (Provence). — Notice sur l'Eglise paroissiale de Saint-Agricole, etc., 2 petites br.

63 Portraits et Histoire des hommes utiles. Société Monthyon. Tome 1 et 2, demi-rel.

64 Revue des deux Mondes, de 1838 à 1840, 10 vol. in-8., demi-rel. — Les tomes 13, 14, 16, 17, 19, 20, 21, 22, 23, 24.

65 Reynaud (Charles). Documents historiques et Œuvres inédites, mis en ordre et annotés. *Vienne*, 1854, in-12, br. Sonnets manuscrits et signés Ch. Reynaud. — Ex. offert à Léon Boitel.

66 Voyage à Rome. *Saint-Etienne*, 1841, br., in-8.

67 Voyage de Paris à la Mer par Rouen et le Havre, in-12, fig. et plan, br.

HISTOIRE DU LYONNAIS,

DE VILLES ET DE DIVERSES LOCALITÉS ENVIRONNANTES.

68 Aigueperse (M. d'). Découverte d'une ville Gallo-Romaine, entre Villefranche et Saint-Georges. Lettre à M. Peyré, br. in-8.

— Une visite à Gergovia, br. in-8.

— Rome en 1853, br. in-8.

— Recherches sur l'emplacement de Lunna et sur deux voies romaines traversant la partie nord du départ. du Rhône. 2 br. in-8. Ensemble 5 br. offertes à L. Boitel par l'auteur.

69 Album du Lyonnais, villes, bourgs, villages, églises, châteaux, etc. du départ. du Rhône, publiés par Boitel et illustrés par Leymarie. *Lyon*, 1843, in-4 cart. (Bruyère).

70 Annuaire de Lyon et du département du Rhône pour 1852. *Lyon*, Mougin-Rusand, in-8, d. rel.

71 Archives du Rhône. *Lyon*, 14 vol. in-8 rel. en 7.

72 Bernard (Aug.). Des divisions administratives du Lyonnais au Xe siècle, br. in-8.

73 Bernard (Aug.). Excommunication de l'abbaye de Savigny au XIIe siècle. *Lyon*, 1853, br. in-8.

74 Bernard (Aug.). Notice historique sur le diocèse de Lyon, 1855, br. in-8.

75 Breghot du Lut et Péricaud aîné. Biographie Lyonnaise. Catalogue des Lyonnais dignes de mémoire. Publié par la Société littéraire de Lyon. *Paris-Lyon*, L. Boitel, 1839. In-8 gr, pap., br. interfolié et considérablement annoté par Boitel. Cet exemplaire est le sien.

Il n'a été tiré que quatre exempl. sur grand papier.

76 Le même ouvrage d. rel., non rogné, ébarbé. On lit sur la garde : volume de F.-Z. Collombet offert à M. Léon Boitel par l'abbé Christophe.

Cet exemplaire, ainsi que celui de Boitel, est l'un des quatre tirés sur gr. papier, interfolié et chargé de notes, toutes de la main de Collombet. Il renferme encore des fragments de journaux attachés au volume et quatre feuillets de notes non fixés.

Aucun de ces deux volumes n'étant semblable à l'autre, relativement aux *nombreuses annotations* qu'ils renferment, ils doivent être considérés comme des manuscrits de deux auteurs traitant de la même matière.

77 Boissieu (Alph. de). Inscriptions antiques de Lyon, reproduites d'après les monuments ou recueillies dans les auteurs. *Lyon*, Louis Perrin, 1846. 6 liv. gr. in-4, planches, br.

78 Boitel (Léon). Biographie des artistes lyonnais. *Lyon*, 1855, in-12, br.

79 Boitel (Léon) et Leymarie. Epreuves des caractères et des vignettes de son imprimerie. *Lyon*, 1846, in-12 br., joli petit vol.

80 Bonnardet (L.). Règlement général des prisons de Lyon, 1838, br. in-8. Offert par l'auteur à Léon Boitel.

81 Chatelet (C.). Statistique agricole et industrielle du canton de la Guillotière, etc. 1853, br. in-8 avec tableaux.

82 Chenavard. Lyon antique restauré, etc. *Paris-Lyon*, 1850, gr. in-fol., cartes, plans, cartonné, couverture imprimée. Offert à L. Boitel par l'auteur.

83 Collombet (F.-Z.). Vies des saints du diocèse de Lyon. *Lyon*, 1835. —*Lyon*, 1850, in-12, br.

84 Coste. Catalogue de sa bibliothèque lyonnaise, rédigé et mis en ordre par Aimé Vingtrinier, son bibliothécaire. *Paris-Lyon*, 1853, 2 vol. gr. in-8, port., br.

— Catalogue de la bibliothèque lyonnaise de Louis

Coste, rédigé et mis en ordre par Aimé Vingtrinier. Compte-rendu par L. Boitel. *Lyon*, 1854, in-8, pap. chamois.

— Catalogue des livres rares et précieux de la bibl. de feu J.-L.-A. Coste. *Paris*, 1854, in-8, br. deux autographes signés.

— Notice historique sur M.-J.-L.-A. Coste, par le Dr Ch. Fraisse, bibl. du Palais-des-Arts, br. in-8.

85 Couturier (L.-A.). Institut des religieux de l'ordre de Saint-Jean-de-Dieu, etc. 1853, br. in-8.

86 Eglise de Saint-Jean, par Leymarie et le Révélateur des mystères ou l'antique cérémonial de Saint-Jean, par M. l'abbé Jacques. Ensemble 2 br. in-8. Cette dernière avec une petite lettre signée, à L. Boitel.

87 Entrée magnifique de Bacchus avec Mme Dimanche Grasse, sa femme, faicte en la ville de Lyon, le 14 février 1627. Nouvelle édition enrichie de vignettes et de notes. *Lyon*, 1838, br. in-8.

88 Flachéron (Alex.). Mémoire sur trois anciens aqueducs qui amenaient autrefois à Lyon les eaux du Mont-d'Or, etc. *Paris*, 1840, in-8, 6 planches. — Br. rare. Sign, de l'auteur.

89 Fortifications de Lyon à diverses époques, br. in-8.

90 Fraisse (Ch.). Notice sur la bibliothèque du Palais-des-Arts de Lyon. 1851, br. in-8.

91 Greppo (M. l'abbé H.). Dissertations sur des sujets Lyonnais. *Lyon*, 1842, in-8, d. rel. — Exempl. unique. Lire l'avis à MM. les Bibliophiles dans le vol.

92 Hainl (F. George) De la musique à Lyon, depuis 1713 jusqu'à 1852. Discours de réception prononcé en séance publique à l'Académie de Lyon. *Lyon*, 1852, in-8, br.

93 Histoire de Lyon (cinq liasses), in-fol. Notes manuscrites par lettres alphabétiques, relatives à l'histoire de Lyon, de ses faubourgs, rues, places, quais, etc.—Etymologie, biographie, événement, etc, Toutes ces notes sont de L. Boitel et doivent être d'un grand intérêt. — On nous a assuré qu'elles n'avaient jamais été imprimées.

94 Histoire de Lyon (origine et bases de l'), ou diplômes, chartes, bulles, lois, arrêts, etc. *Lyon*, gr. in-4, 1855. C'est l'avant-propos de l'ouvrage qui sera publié par les soins de l'Administration municipale.

95 Histoire de Lyon sous la Restauration, à l'aide des chansons de cette époque. *Lyon*, 1848, in-12, br.

96 Jacques (M. l'abbé). Le révélateur des Mystères de l'antique cérémonial de Saint-Jean. 1840, in-8, br.

97 Jambon (Alix). Notice sur l'Hôtel-Dieu de Lyon. 1843, br., in-8.

98 Importance (de l') du Rhône, in-8, br.

99 Jolibois (M. l'abbé). Sur la colonie Grecque de Lyon. Sur l'étymologie des noms de Lugdunum et de Lyon. 1847, in-8, br.

100 Journaux (lots de) de Lyon : le *Papillon*, affiches et journaux de 1848, etc.

101 Kauffmann. La Célestinade ou la Guerre des auteurs et des acteurs lyonnais, poème en 4 chants. 1828, in-18, br. —Papier de couleur.

102 Louise Labé, Lyonnaise. Edition publiée par L. Boitel. *Lyon*, 1845, in-12, papier chamois, br. —Epuisé.

103 Lovise Labé (œuvres de), Lionnoize. *Paris*, 1853, in-12, texte encadré d'ornements, br. — Cette édit.

a été publiée par les soins de L. Cailhava et de J.-B, Monfalcon, bibliophile, tirée à 120 exemplaires numérotés. — Cet exemplaire, n° 6, a été offert par M. Cailhava à son ami Boitel.

104 Lyon Ancien et Moderne. *Lyon*, 2 volumes in-8, fig. br.

105 Lyon Ancien et Moderne. *Lyon*, in-8, fig., br. le 2e vol.

106 Lyon inondé en 1840 et à diverses époques ; histoire de toutes les inondations qui ont affligé Lyon. 1840, in-8, br.

107 Martin (P.), architecte. Recherches sur l'architecture, la sculpture, la menuiserie, la ferronnerie, etc., dans les maisons du moyen-âge et de la Renaissance à Lyon. *Lyon*, 1851-53. 20 liv. in-4. — Hommage de l'auteur à L. Boitel.

108 Martin Daussigny. Dissertation sur l'emplacement du temple d'Auguste au confluent du Rhône et de la Saône. 1848, in-8, br.

109 Monfalcon (J.-B.). Histoire de la ville de Lyon. *Lyon-Paris*, 1847, 2 vol. gr. in-8, plans et armoiries, br.

110 Monfalcon (J.-B.). Histoire de la ville de Lyon, *Lyon*, Louis Perrin, 1851, 3 vol. gr. in-8, fig., d.-r., tranche dorée. — Exempl. offert par l'auteur à Léon Boitel.

111 Monfalcon (J.-B.). Histoire littéraire de la ville de Lyon. 1851, in-8, br. — Tirée à 50 exemplaires.

112 Monfalcon (J.-B.). Monographie de la table de Claude, publiée au nom de la ville de Lyon. Nouv. édit. *Paris*, 1853, gr. in-fol. cart. couverture imprimée. — Ouvrage de luxe. — Offert à L. Boitel.

113 Monfalcon (J.-B.). Histoire littéraire de la ville de Lyon, gr. in-8 de 96 pages. — Tiré à 50 exempl.

114 Monmartin (Alex.). Des améliorations à introduire dans la partie centrale de la ville de Lyon. 1845, in-8, broché.

115 Mornand (M.). Une semaine de révolution, ou Lyon en 1830. *Lyon*, 1831, in-8, br.

116 Nécrologie. Lot de 33 Notices et Eloges historiques de médecins lyonnais.

117 Nécrologie. Lot de 40 Notices et Eloges divers. Magistrats, hommes de lettres, artistes, etc., etc.

118 Nécrologie. Notice historique sur la vie et les œuvres de J.-M.-V. Audin, par M. l'abbé Bez, 1851, br., in-8.

Notice sur l'abbé Bonnevie, 1850, br., in-8.

119 Notice sur Chasselay, départ du Rhône. *Lyon*, 1852, br., in-8.

120 Parisel (L.-V.). Notes d'un voyageur de Lyon à Florence et à Vienne. *Lyon*, 1846, in-8, br.

121 Pavy (M. l'abbé). Les Cordeliers de l'Observance de Lyon, ou l'Eglise et le couvent de ce nom. 1836, br., in-8, fig.

122 Péricaud aîné (A.). Le Marquis de Coulanges, fragment extrait d'un supplément à l'Histoire littéraire de la ville de Lyon, du P. Colonia. *Lyon*, 1853, br., in-8.

123 Péricaud aîné (A.). Notice sur François de Rohan, archevêque de Lyon. 1854, br., in-8.

124 Péricaud aîné (A.). Tablettes chronologiques pour servir à l'Histoire de Lyon depuis Louis XIV, 14 mai 1643 jusqu'à l'année 1700. 1836, br., in-12.

125 Péricaud (Ant.). Tablettes chronologiques pour

servir à l'Histoire de Lyon. in-12, cont. 15 notices, demi-rel. — Rare, rare.

126 Plasson (l'abbé). Eloge en vers de Jacquard. 1853, br., In-8. Signé de l'auteur.

127 Polinière (M. le doct. b. de). Considération sur la salubrité de l'Hôtel-Dieu de Lyon. *Lyon*, 1853, in-8, br. — Offert à Léon Boitel par l'auteur.

128 Précis historique des événements de Lyon, br., in-8. Signé Mme Eugénie Niboyet.

129 Revue du Lyonnais, complète, de la 1re livraison, janv. 1835, à la 168e et dernière liv. (1re sér.) décembre 1848, se composant de 28 vol. in-8. Les 4 premiers tomes rel. en deux vol. Les 24 autres vol. en liv. ou brochés. On sait combien cette grande et importante publication est rare, sans lacune.

130 Revue du Lyonnais, complète en livraisons, moins les liv. 13, 147.

131 Revue de Lyon, politique, littéraire et industrielle de la 1re liv., 15 juillet 1849, in-8. de 784 pages, br. —Complet de tout ce qui a paru.

132 Revue du Lyonnais (nouvelle série), du 21 juillet 1850, 1re livraison, à la 60e, ensemble 12 volumes. La 1re année (1850) en demi-rel. Il manque les liv. 10, 39, 55, 59.

133 Revue du Lyonnais (extrait de la), dont Boitel a formé des suites factices. Nous respectons sa classification. — Discours scientifiques par M. Fournet et MM. les docteurs Bonnet, Imbert, Jambon, Petrequin, etc. Géologie, hygiène.

134 Institutions Religieuses de bienfaisance de Lyon, par F.-Z. Collombet.

135 Temple d'Auguste et de Rome. Dissertations, mé-

moires, etc. ; par MM. Aug. Bernard, Martin-Daussigny, etc., in-8.

136 Légendes Forésiennes, par A. Vingtrinier, etc.

137 Histoire de Lyon.

138 Les Cordeliers de l'Observance, la chapelle des Pénitents de la Miséricorde, l'Eglise St-Paul, l'Eglise St-Nizier.

139 Blason et Dissertations, par Leymarie.

140 Ainay, par Leymarie, La Serve et Victor Teste.

PHILOSOPHIE, LOGIQUE, MÉTAPHYSIQUE, ETC.

141 Examen de la Métaphysique de Kant, par V. Coresni.

— Logique d'Hegel, par Vera.

— Réflexions sur la dogmatique de Strauss, par Charles Boul.

— De l'état actuel de la philosophie dans les Universités de l'Allemagne :

I Leipzig.

II Berlin.

III Tubingue.

De la Méthode, par Victor de Laprade.

De l'Ontologie et de la Morale, par le même.

De la Psychologie, par le même.

De l'Homme et de la Société, par Passeron.

De l'Eglise, de l'Etat et de l'Enseignement, par l'abbé La Curia.

Du véritable but de la Pénalité, par M. Barthélemy Tisseur.

142 Dissertation sur l'Atlantide. — Histoire de Trévoux, par M. l'abbé Jolibois, etc. , suivies de 10 autographes , signés Jolibois , Roget de Belloguet , Guillemot.

143 Lettres sur la Sardaigne.

144 Poésies diverses.

145 Poèmes de divers auteurs.

146 Voyages , souvenirs , etc. , par MM. Lortet , Ozanam , Collombet , etc. , etc.

147 Excursions dans les environs de Lyon et autres localités éloignées.

148 Diverses pièces relatives à l'Histoire de Lyon , par Collombet , M. l'abbé Roux, etc. , etc.

149 Excursions dans le Midi.

150 Napoléon et J.-J. Rousseau à Lyon.

151 Narcissa ou la fille d'Young, par M. de Terrebasse, suivi d'un compte rendu , par M. Martin Daussigny et d'une réponse faite à M. de Terrebasse , par M. Pierquin de Gembloux.

152 Archéologie. St-Maurice de Vienne , l'Eglise de Brou, etc., par MM. Collombet, Baux , Martin-Daussigny , de Boissieu , Chelle , Alex. Flacheron , l'abbé Roux , etc.

153 De l'Etude de la Langue , par Paul Bruyas.

— Origine et affinité des langues , par F.-G. Eichhoff.

— De l'Enseignement régulier de la langue maternelle dans l'école et la famille , par le R. P. Girard.

154 Diverses pièces , par M. de la Prade.

155 Variétés , par Mlle Dubuisson , Devay , Couturier , Royet , de St-Etienne , etc.

156 Histoire , par Macé , Boullée , Dubois , Collombet , etc.

157 Poésies, par Genin, Raynaud, Donzel, Léon Boitel, Coignet, etc.

158 Poésies diverses, par MM. Josephin Soulary, Daniel, Strutie, etc.

159 Poètes et Prosateurs de l'antiquité : Virgile, Prudence et Ausone, par Collombet, Fortoul.

160 Peinture, Architecture. Notices sur quelques peintres, etc. 33 p.

161 Différents ouvrages, par M. Barrillon.

162 Louis-Philippe d'Orléans, par M. Boullée.

163 Expositions des amis des arts de Lyon. Comptes rendus du salon depuis 1835 jusqu'à 1852.

164 Eichhoff. (F.-G.). Tableaux littéraires de l'Allemagne et de l'Angleterre. Coup-d'œil général sur la littérature italienne et espagnole. Coup-d'œil sur le génie littéraire de l'Europe. Origine et affinité des langues.

— Rochery (Paul). Cours de littérature dramatique ou des passions dans le drame, par M. Saint-Marc-Girardin.

— Taulier (L.-F.). De la poésie lyrique en France.

— Coup-d'œil général sur les cours de la Faculté des Lettres de Lyon.

— Cours de littérature française, par M. Reynaud.

— Demogeot (Jacques). Des origines de la poésie italienne.

— La Bible Ginot de Provins. Satire des mœurs du XIIe siècle.

— De l'Education par les lettres.

— Ozanam. Discours prononcé à l'ouverture du cours de droit commercial.

165 Monographie historique du Bugey, par P. Guillemot.

166 10 Dissertations de M. l'abbé Greppo ,

Sur un chartarius Lyonnais.

Sur quelques artistes Lyonnais de l'époque romaine.

Sur un bas-relief du Musée St-Pierre , représentant Mercure.

Sur une inscription chrétienne, relative à une école ecclésiastique de Lyon.

Sur le monument funèbre d'un esclave Librarius.

Sur les inondations de Lyon et des Gaules, au VIe siècle.

Sur le commerce des vins à Lugdunum et dans les Gaules.

Sur une inscription chrétienne à Anse.

Sur un vascularius Lyonnais.

Ararica et Rhodanica. Archéologie des deux fleuves de Lyon.

167 Articles d'Economie politique.

168 Tableau de Lyon par divers.

169 Philosophie. Le Dieu du cœur. La chûte de l'homme. De la faute de l'homme et de la réparation. De la foi et de l'Esprit. De la prière. De la douleur dans le temps, par St B.

170 Appréciations littéraires et mélanges.

171 Sala (Adolphe). Les ouvriers Lyonnais en 1834, Esquisses historiques. *Paris*, 1834, in-8, br.

172 Servan de Sugny (Edouard). Ma Vie littéraire. — Discours de réception à l'Académie de Lyon. 1851, in-8, br.

173 Siége de Lyon. Sortie des Lyonnais et retraite du général Précy, racontées par lui-même. Historique de sa retraite dans les montagnes du Forez, après le siége de Lyon. 1847, in-8, br.

174 Smith (Valentin). Monographie de la Saône, précédée d'une dissertation sur les Insubres transalpins. *Lyon*, 1852, in-8, br. — Offert à L. Boitel de la part de l'auteur.

175 Smith (Valentin). De la Statistique. *Lyon*, 1854, in-8, br. — Hommage de l'auteur à Léon Boitel. — Lettre à M. Valentin Smith sur la Statistique, in-8, br. Poésie.

176 Spon. Henri III à Lyon, in-8, br.

177 Statistiques (lot de 26) lyonnaises, par Cochard, Péricaud, Augier, etc.

178 Thomas (D.). Mémoires pour servir à l'histoire de Lyon pendant la Ligue, etc., in-8, br.

179 Trolliet (le docteur). Lettres historiques sur la révolution de Lyon, ou une semaine de 1830. *Lyon*, 1830, in-8, br.

180 Un Riche, ami des Pauvres et des pauvres réclamant justice contre l'Administration des hospices civils de Lyon. Dédié au peuple. *Lyon*, 1848, in-4, br.

181 Vieux (Honoré). Napoléon à Lyon. Recherches historiques sur ses passages à Lyon et séjours en cette cité. 1848, in-8, br., avec des notes manuscrites sur papier libre.

182 Vingtrinier (A.). Histoire des journaux de Lyon, in-8, br.

183 Album du Dauphiné, ou Recueil de dessins des sites les plus pittoresques, villes, bourgs, etc., du Dauphiné, Par Cassien et Debelle. *Grenoble*, 1835-39, 4 années, 4 vol. in-4, illustrés d'un très-grand nombre de figures, demi-rel. Le 4e vol. taché d'eau au bas de la marge inférieure.

184 Apté (Ad.). Nouveau Guide à Vienne (Isère) *Vienne* 1847, in-12, br. Plan colorié et fig.

185 Arène (Aug.). Histoire ancienne et moderne du département de l'Ain. *Nantua*, 1847, in-4 en livraisons. 1re partie composée de 162 pages.

186 Bard (Joseph). Notice sur Notre-Dame de Bourg. 1847, in-8, br.

187 Boué (M. l'abbé). Autel d'Avenas, considéré au point de vue historique. 1854, in-8, br.

188 Calvet-Rogniat (Ferdinand). Crémieu ancien et moderne. *Lyon*, 1848, in-8, fig.; coté 3 fr. Se vend au profit de l'hôpital de Crémieu. — Epuisé depuis longtemps.

189 Chambeyron (J.-B.). Recherches historiques sur la ville de Rive-de-Gier. 1845, in-8, br.

190 Chroniques et Légendes de la Bresse, in-8, br.

191 Collet (Philibert). Explication des Statuts, coûtumes et usages de la province de Bresse, Bugey, Valromay et Gex. *Lion*, Carteron, 1698, in-4, veau.

192 Dessevelinge. Notice sur les antiquités de Charlieu, arrond. de Roanne (Loire), in-12, br.

193 Fragment d'une notice historique sur la Dombes, par C. D. L. 1842, in-8, br.

194 Guillemot (Paul). Monographie historique de l'ancienne province du Bugey. 1852, in-8, br.

195 Hedde (Isidore). Saint-Etienne ancien et moderne. 1841, in-8, br. Plans.

196 Histoire de Condrieu et des environs, depuis l'an 39 avant J.-C. jusqu'à notre époque. *Vienne*, 1850, in-8, br. — Avec deux autographes signés.

197 Peyré (J.-F.-A.). Lois des Bourguignons, vulgairement nommées Loi Gombette. *Lyon*, 1853, in-8, br.

198 Roget de Belloguet. Origines Dijonnaises dégagées des fables et des erreurs qui les ont enveloppées jusqu'à ce jour, et suivies d'une dissertation particulière sur les actes et la mission de saint Bénigne, l'apôtre de Dijon. Avec carte et tableau généalogique. *Dijon*, 1852, in-8, br. Avec deux autographes de l'auteur signés. L'un de deux pages, l'autre de 5 feuillets numérotés. — Hommage de l'auteur à M. L. Boitel.

199 Roux (l'abbé). Recherches sur le forum Ségusiavorum et l'origine gallo-romaine de la ville de Feurs. *Lyon*, 1851, in-8, br., fig.

200 Viguier (A. L.-G.). Notice sur la ville d'Anduze et ses environs. *Paris*, 1823, in-12, fig., br. — Donné par l'auteur.

AUTOGRAPHES.

201 Album de 15 lettres autographes dont 12 signées. Fables, allégories, poésies diverses, par Valmore fils, Folleville, Coignet, Augier, Lamerlière, Bié, Kauffmann, Déforges, etc. Portrait de Pigault-Lebrun, membre corresp. du Caveau lyonnais.

AUTOGRAPHES QUE NOUS CATALOGUONS DANS L'ORDRE OU NOUS LES AVONS TROUVÉS.

202 Carolus Soulary. Couplets mis en musique.

203 Dessin allégorique religieux non signé envoyé sous enveloppe à M. L. Boitel, le 17 janvier 1839.

204 Coutagne. Vers adressés à L. Boitel. Signé.

205 Gembloux (de). La Femme. Vers. Signé.

206 Topfer (Adam). Joli dessin. Signé 1795.
—Fredenberg (Samuel) Dessin. Signé 1772.
—Regaldi. Vers. Signé, 1839.

207 Desportes (Aug.). Pièce de vers avec signature, 1843.

208 Valmore (Hyacinthe). Baptême du comte de Paris. Pièce de poésie de 3 pages avec signat.

209 Dessin à la mine de plomb, initiales B. R., avec des vers au bas.

210 Falconnet (Ernest). Dessin, à L. Boitel, 1834.
—A mon ami L. Boitel. *Papillon.* Elégie de 4 pages, s. signat.

211 Coignet. Vers à Mme Desbordes-Valmore.

212 Mollet (L.). Poésie. Souvenir à L. Boitel.

213 Collombet (F.-Z.). Lettre de Rome du 22 avril, 1842, à L. Boitel, 3 pages minutées.

214 Reboul de Nîmes. Mélodie.

215 Joguet ou Joguant. Pièce de vers de 4 pages à L. Boitel.

216 Valmore (Hyac.). Vers à une amie.

217 Bard (Joseph). Sonnet à L. Boitel.

218 Falconnet (Ernest). 2 pièces de vers, l'une : Adieu à Léon. L'autre : A mon ami L. Boitel.

219 Divers dessins et autres petites pièces, dont on fera quelques lots à l'exposition au gré des amateurs. —On divisera aussi les 21 lettres en trois ou quatre séries, mais en suivant l'ordre numérique du catalogue.

220 61 Lettres autographes (Lot de) signées (peintres lyonnais et sculpteurs) : de MM. Blery, Flandrin, Perlet, Souchon, Hostein, Rey, Reverchon, Vibert, Chenavard, Trimolet (prose et vers, etc.

221 48 Lettres autographes (Lot de) signées (artistes dramatiques et lyriques) : MM. Achard Boccage, Bouffé, Célicourt, Levasseur, etc. Clara Francia Mollard, prose et vers. Lettre de 3 pages à L. Boitel.
— Rachel. Lettre de 4 pages à L. Boitel, datée du 2 janvier, 1841, relative aux calomnies publiées contre elle dans divers journaux et sur sa conduite pendant son séjour à Lyon. — Ce lot sera divisé.

222 44 Lettres autographes (lot de) signées (Musiciens) : de G. Hainl, Montgolfier, Georgette Ducrest, Maniquet, etc.

223 Lettres autographes (lot de) signées (journalistes et hommes de lettres) : de MM. Taschereau, Kauffmann, Achille Jubinal, etc., etc.

Un hommage aux Dames de Lyon, par Ant. Jullien, de Paris, vers lus aux Dames de Lyon, dans la séance littéraire du congrès scientifique du 11 sept. 1841.

224 38 Lettres autographes (lot de) signées sur le commerce. Quelques-unes d'hommes politiques, etc. de Martin Bernard, Emmanuel Arago, Laforest, Reveil, Jules Favre, etc.

225 42 Lettres autographes signées (médecins lyonnais, etc.) : de MM. Dupasquier, Prunelle, Polinière, Bottex, Bertrand, Laprade, etc.

226 27 Lettres autographes signées (poètes, hommes de lettres, littérateurs) 1 en vers et prose de Pigault-Lebrun, 2 de Ponsard, 1 de Quinet, Georges Sand, Dugas-Montbel, d'Eugène de Pradel 4, de Béranger 3. dont une datée de *La Force* du 6 janv. 1829.

MÉLANGES.

227 Actes (les) et gestes merveilleux de la cité de Genêue nouvellement convertie à l'Evangile faictz du temps de leur réformation, etc., etc., l'an M.D.XXXII. Par Ant. Froment mis en lumière par Gust. Revilliod. *Genève*, imprimé par Jules-Guillaume Fick, imprimeur à la rue des Belles-Filles, M. D. CCC. LIV. fort in-8, papier chamois, illustré sur papier libre, rel. peau de vélin à recouvrements sur la gouttière et attaches. Bel exempl. non rogné.

228 Anselmier (Victor). Hygiène du fumeur, conseils aux fumeurs sur le choix d'une pipe. *Paris*, 1853, in-18 br.

229 Balzac (de). Physiologie du mariage, etc. *Paris*, Charpentier, d. rel.

230 Boitel (Ch.). Quelques mois de l'existence d'un fonctionnaire public aux colonies de la Guadeloupe et de la Martinique. *Paris*, 1832, in-12 br. Hommage de l'auteur à Léon Boitel.

231 Bouillier (M. F.). Molière élève de Gassendi. 1852, br. in-8.

232 Chantelauze. Du Président de la République française. *Paris*, 1848, br. in-8. Donné par l'auteur.

233 Collombet (F.-Z.). Notes critiques sur une édition des discours et poèmes de Fontanes, publiées à Lyon en 1837. *Lyon*, 1837, br. in-8.

234 Duc (Philibert Le). Thomas Riboud et la Société littéraire de Lyon en 1778. *Lyon*. 1851, in-12.

235 Flotard (Eugène). Images et pensées. *Paris*, **1851**, in-12 br. A Léon Boitel par l'auteur.

236 Fortoul (Hippolyte). Du Génie de Virgile. **1840**, br. in-8.

237 Fraisse (Armand). Jean-le-Scribe. **1853**, br, in-8.

338 Grégoire et Collombet (MM.). Hymnes de Synésius, évêque de Ptolémais, trad. avec le texte grec en regard, suivies d'autres trad. de l'italien. *Lyon*, 1839, in-8 br.

239. Guide pittoresque de l'étranger dans Paris et ses environs. *Paris*, fort in-12, avec beaucoup de fig., broché.

240 Habitants (les) d'une petite ville allemande, comédie en 4 actes d'Auguste Kotzbue, trad. par Y. (Lortet), **1841**, br. in-8.

241 Jérôme Paturot à la recherche d'une position sociale, par L. Reybaud. *Paris*, Dubochet, **1846**, gr. in-8 avec illustrations dans le texte et sur papier libre, d. rel., tr. dorée.

242 Jérôme Paturot à la recherche de la meilleure des Républiques, par Louis Reybaud. *Paris*, 1849, gr. in-8, illustrations dans le texte et grav. sur papier libre, d. rel, tr. dorée, beau volume.

243 Lafayette (Mme de) et Mme de Longueville, La Bruyère et La Rochefoucauld. *Paris*, 1845, in-12 br.

244 Laprade (Victor de). Du sentiment de la nature dans la poésie d'Homère. *Paris*, **1848**, in-8 br. L'auteur à son ami Léon Boitel.

245 Leymarie (H.). Considérations sur la pipe pour servir de Complément à la Physiologie du fumeur et de réponse au mémoire de M. le Dr Montain. *Lyon*, **1841**, br. in-8.

246 Manuel du Sabotier et des travailleurs. *Lyon*. 1850, in-12 br.

247 Mélanges, 3 vol. in-8, tomes 17, 18, 26 ce dernier : Le Pornographe par Rétif de la Bretonne.

248 Olivier (Félix). Pensées d'un solitaire, 2e éd. *Paris-Lyon*, 1854, in-12 br. Hommage de l'auteur.

249 Peyré (J.-F.-A.), Lois des Francs, contenant la loi Salique et la loi Ripuaire. *Paris*, Didot, 1828, petit in-8, br. — Tiré sur grand papier à 50 exempl. Note de l'auteur signée.

250 Physiologie du goût, etc., par un professeur. *Paris*, Charpentier, 1838, demi-rel. — Les premiers feuillets avariés dans la marge inférieure.

251 Prévost (l'abbé). Histoire de Guillaume le Conquérant, 1 vol. — Marguerite d'Anjou, 1 vol. — Le doyen de Killerine, 2 vol. — Paméla, 2 vol. — Mémoires et Aventures d'un homme de qualité, 3 vol. — Cléveland, tomes 1, 2, 4, 5. — Ensemble, 14 vol. in-8, d.-r.

252 Prévost (l'abbé). Histoire de Manon Lescaut, édit. illustrée par Tony Joannot, et précédée d'une notice par Jules Janin. *Paris*, in-8, d.-rel.

253 Prade (Victor de la). Des habitudes intellectuelles de l'Avocat. Discours, etc. 1841, br. in-8.

254 Qu'est-ce que le Retour à l'Empire, 3e édit. 1851. *Paris*, br. in-8.

255 Quinet (Edgard). Allemagne et Italie, Ahasuerus, Napoléon, Prométhée. 1839, br. in-8.

256 Rénal (Antony). Coup d'œil sur le mouvement littéraire et artistique au Midi de la France. Premières années du XIXe siècle. *Paris*, 1853, in-12, br. — Hommage de l'auteur à son ami L. Boitel.

257 Reynaud (Charles). D'Athènes à Baalbek, 1844.

Paris, 1846, format Charpentier, br. — Envoi d'auteur et autographe signé à L. Boitel.

258 Un million. Nouvelle. *Lyon*, 1851, in-12, p. fort, br. — Un Esprit fort. *Lyon*, 1850, in-12, br.

259 Volupté. Troisième édition, revue et corrigée. *Paris*, 1845, format Charpentier, br.

BEAUX-ARTS.

DESSINS, TABLEAUX, AQUARELLES, ETC., PAR FONVILLE, LEYMARIE ET AUTRES ARTISTES.

260 Tableau par Leymarie. Ancienne vue du Pont-de-Pierre à Lyon (pont du Change), de grande dimension, en travers, sur toile, cadre doré, vieux.

— Divers autres tableaux et aquarelles, notamment par Leymarie, sous cadres et en portefeuille.

— Gravures meublantes et litograph. encadrées ou dans des chemises, Vues de Lyon et autres localités dont plusieurs coloriées.

261 Beau portrait sous cadre doré. On lit au bas écrit à la main : Ton ami Morel D. M.

262 Portrait de M. Trimollet, gravé par lui-même, sous cadre, offert à son ami L. Boitel.

263 La leçon de botanique, par M. de Boissieu. Ancienne épreuve offerte par Collombet à son ami Boitel.

264 Grande vue de l'Hôtel-de-Ville de Lyon, gravée par Dubouchet, d'après M. Dardel, architecte, cadre doré.

265 Fontaine (vue de la) de la place Saint-Jean, par Dardel et Chevron, beau cadre en palissandre, large profil.

266 Collection des grandes vues de Lyon, ornements, paysages, etc. en portefeuille, dont on fera des lots.

267 Seize jetons de présence en argent de la Société des imprimeurs de Lyon.

268 Sept jetons ou médailles en bronze de divers modules.

269 Bague, collier, or et argent, règne de 93, avec effigie de Chalier, Marat, Lepelletier, martyrs de la liberté.

270 Pendule à sonnerie, colonnes en marbre.

271 Sabre, épée et épaulettes de garde national.

272 Cheval en bronze, taille 30 centimètres, sur le chemin on lit : Ibrahim, étalon arabe, et la signature P.-J. Mene.

Lyon.—Imprimerie d'Aimé Vingtrinier, quai Saint-Antoine, 36.

www.ingramcontent.com/pod-product-compliance
Ingram Content Group UK Ltd.
Pitfield, Milton Keynes, MK11 3LW, UK
UKHW021206230726
13926UKWH00001B/353